LETTRE

AUX DIX DÉPARTEMENTS

BOUCHES-DU-RHÔNE — CÔTES-D'OR —
DORDOGNE — FINISTÈRE — GIRONDE — ILLE-ET-VILAINE — NORD
— SAÔNE-ET-LOIRE — SEINE — SEINE-INFÉRIEURE,

PAR

M. DE LAMARTINE.

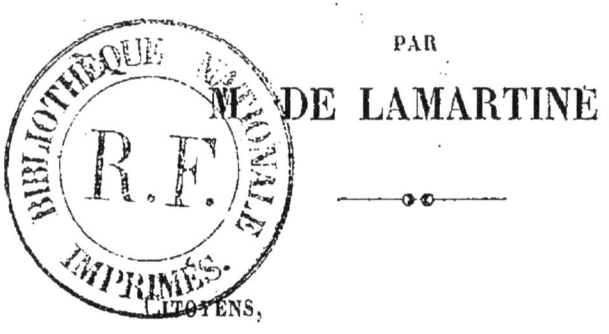

CITOYENS,

La popularité qui m'avait entouré sans cause s'est retirée de moi sans motif. A un signe de l'Assemblée nationale, je suis sorti des affaires, satisfait dans ma conscience de quelques services humblement rendus à mon pays dans une des grandes crises de son histoire; sans regret du rang accidentel d'où je suis descendu; sans ambition d'y remonter jamais; sans amertume contre les dénigrements et les calomnies qui sont le salaire ordinaire des révolutions; sans candidature d'aucune espèce à briguer de la faveur publique; j'ai gardé le silence longtemps, je le garderais toujours s'il ne s'agissait que de moi. Mais vous m'aviez adopté dans une grande circonstance en signe de la conformité de nos opinions; je vous appartiens donc; à ce titre, je vous dois compte de moi-même. Il ne faut pas que vous ayez à rougir quand on parlera de moi devant vous. Il faut que vous puissiez dire avec vérité à ceux qui vous reprocheraient d'avoir arboré mon nom à deux millions de voix : « Si ce drapeau que nous avions choisi s'est abaissé, il ne s'est du moins pas terni. Il ne nous précède plus, il ne nous humilie pas. »

On répand, on dit, on imprime (je recueille jusqu'aux chuchottements pour ne rien laisser sans réponse); on dit donc que j'ai été ardent dans l'ambition, faible dans l'exercice du pouvoir pendant les trois mois de ma part de dictature au Gouvernement provisoire;

Que j'ai transigé avec le *terrorisme*;

Que j'ai pactisé avec le communisme et enivré le peuple en consentant à lui promettre *l'organisation du travail*;

1

Que j'ai tramé avec les meneurs des principales factions qui voulaient dénaturer et déshonorer la République ;

Que j'ai conspiré avec les détenus de Vincennes, et fourni des armes à *Sobrier* dans une intention perverse ;

Que j'ai trempé dans les tentatives de propagande armée sur les frontières des gouvernements auxquels je promettais la loyauté et la paix ;

Que j'ai compromis la sûreté de la République en ne lançant pas tout de suite nos forces au-delà du Rhin et des Alpes ;

Que j'ai retardé les élections pour prolonger la dictature du gouvernement dont je faisais partie ;

Que j'ai été complice de la manifestation des deux cent mille hommes du 17 mars ;

Hésitant et sans mesures prises dans la journée du 16 avril ;

Qu'après la réunion de l'Assemblée nationale j'ai refusé par pusillanimité le pouvoir unitaire que l'Assemblée nationale était, disait-on, disposée à m'offrir, et auquel deux millions de suffrages pouvaient me désigner à ses yeux ;

Que j'ai induit l'Assemblée nationale, par ce refus, à former une commission de gouvernement sans unité de volonté et sans fermeté dans le maniement des difficultés du moment ;

Que j'ai fait alliance, dans cette commission, avec des hommes d'opinion contraire à la mienne et à la République modérée ;

Que le motif de mon alliance inconcevable avec ces adversaires politiques est dans des rapports honteux et absurdes d'intérêt que j'aurais eus avec eux ; dans des dilapidations en commun du trésor public ; ou bien dans une infâme vénalité sous le dernier gouvernement ; que ces adversaires prétendus avaient en mains les preuves de cette vénalité, et que j'aurais été obligé d'acheter leur silence par des concessions d'opinion !

Que j'ai payé mes dettes avec l'argent de la République ; que j'ai fait passer en Angleterre le fruit de ces concussions ;

Que j'ai maintenu les ateliers nationaux pour peser sur l'Assemblée nationale et pour en faire l'armée en disponibilité de l'insurrection ;

Que le 15 mai j'ai découvert volontairement l'Assemblée et vu avec une joie secrète l'invasion impunie de la sédition dans l'enceinte de la représentation nationale ;

Que je n'ai pas su ou pas voulu prévoir les événements du

23 juin; que, ni moi ni mes collègues, nous n'avons préparé les forces militaires nécessaires à l'ordre ou au combat, au moment de la dissolution des ateliers nationaux; que les troupes manquaient par notre faute; que la lutte s'est prolongée par suite de cette imprévoyance; que le sang de la guerre civile est sur nos mains.

Voilà les inculpations. Je les reprends une à une. Au lieu de réfuter, je raconte. Il n'y a pas une des circonstances de ce récit qui n'ait pour attestation, ou de nombreux témoins, ou des pièces irréfragables, ou tout un peuple. Je ne demande foi ni confiance sur rien. Je m'engage à prouver *tout* par témoignage.

1° *J'ai été ardent dans l'ambition, faible dans l'exercice du pouvoir pendant l'interrègne et la dictature.* — Je réponds :

La révolution de Février m'a surpris comme tout le monde. Le système républicain, gouvernement de la raison pure, était pour moi un idéal plus ou moins lointain du droit, du règne, des progrès du peuple. Il n'était pas une conjuration. Je n'avais point d'aversion contre la monarchie constitutionnelle; point de colère personnelle contre la dynastie. Je me tenais à l'écart de ses faveurs; je la regardais régner, voilà tout. Si son règne, dont j'estimais certaines pensées, telle que celle de la paix, par exemple, n'avait ni rétréci ni corrompu la liberté, je n'aurais pas hésité à la servir. La monarchie et la dynastie, abandonnées du peuple, de la garde nationale, de la chambre et de l'armée, tombèrent sous leurs fautes en une demi-séance. Tout fut consommé avec la royauté; il n'y eut plus qu'à la remplacer et à la plaindre. Le peuple nous montra l'exemple de cette honorable pitié. Il combattit, il laissa fuir, il n'insulta pas.

J'étais resté isolé, pensif, silencieux sur mon banc, contemplant cette catastrophe si soudaine, qu'elle ne laissait même pas le temps d'en mesurer la profondeur. Ému jusqu'à l'attendrissement par cette infortune et par cette enfance, se sauvant du trône dans une révolution, mon cœur luttait en moi contre ma raison.

Le peuple et quelques-uns de mes collègues, qui l'ont oublié aujourd'hui, me prirent par le bras, me firent signe de me précipiter entre l'anarchie et le pays, m'appelèrent par mon nom, me poussèrent à la tribune. M. Barrot en descendait vaincu dans ses efforts pour arrêter la monarchie sur sa pente. Un fusil fut dirigé contre moi; une main inconnue releva l'arme. Je me prononçai, en peu de mots, pour un gouvernement provisoire qui saisît à l'instant la crise, afin de la dominer. Ce gouvernement donnait toutes les probabilités du lendemain à la République, mais il réservait à l'Assemblée nationale, que j'indiquai du premier mot, ce qu'aucune faction, ce qu'aucun entraînement, ce qu'aucune acclamation ne pouvaient lui enlever : la sanction souveraine et entière de la forme définitive de gouvernement qu'il conviendrait à la nation d'accepter.

La voix de la multitude et des députés restés dans la salle me provoquaient à désigner moi-même les membres du Gouvernenement provisoire. Je refusai. M. Dupont (de l'Eure), le dictateur naturel de l'estime publique, fut porté, malgré sa modestie, au fauteuil de la présidence. Il lut les noms qu'un scrutin tumultueux avait désignés pour former le Gouvernement. Nous ne reconnûmes à ce scrutin d'autre autorité que l'autorité du danger et du dévouement. Ce danger et ce dévouement étaient notre seul titre. Ils nous défendaient d'abdiquer ce pouvoir, tout irrégulier qu'il était, entre les mains de l'anarchie : « Je le prends du droit du sang qui coule et qu'il faut étancher à tout prix. » Ce fut mon mot. Je le retrouve au *Moniteur*. Nous marchâmes à l'Hôtel-de-Ville à la tête d'une colonne du peuple. Nous fûmes portés, sous une voûte de sabres, de piques, de baïonnettes, dans les salles tâchées de sang, encombrées de morts et de blessés, jusqu'à une petite table où s'organisa le Gouvernement. A cette heure même commença au dehors la lutte entre les deux Républiques : l'une violente, épuratoire, dictatoriale, terroriste de parole, de geste, de couleur ; l'autre, modérée, pacifique, légale, unanime, constitutionnelle ; entre la République que vous voulez et celle que vous ne voulez pas.

Le premier acte de cette République terroriste à contre sens et à contre temps fut de vouloir arborer ses couleurs (couleurs de sang). Pendant deux jours et deux nuits des hommes armés inondèrent à plusieurs reprises la place, les cours, les salles de l'Hôtel-de-Ville. Ils nous sommaient de donner à l'instant à la République le caractère, l'attitude, les insignes de la première révolution. Mes collègues et moi nous résistâmes, au péril de notre vie. Vingt fois, pendant ces soixante-et-douze heures, je fus soulevé, entraîné, emporté aux portes, aux fenêtres, sur le palier des escaliers, dans les cours, sur la place, pour parler à ces hommes d'une autre date qui interprétaient si mal la volonté du peuple, et pour refouler ces signes du terrorisme qui voulaient déshonorer la République. Vous vous rappelez les derniers mots qui décidèrent la victoire du drapeau tricolore ; ils étaient sur les lèvres de mes collègues, je ne fis que les prononcer : « Le drapeau rouge que » vous nous présentez, citoyens, n'a jamais fait que le tour du » Champ de Mars, traîné dans le sang du peuple ; le drapeau » que nous voulons conserver à la République a fait le tour du » monde avec notre courage, notre gloire et nos libertés ! » Y a-t-il là ambition préméditée d'un poste où le hasard nous jette tous sur la brèche de la société ? Y a-t-il faiblesse ? Y a-t-il transaction avec le terrorisme ? Prononcez.

2° *J'ai pactisé avec le communisme ; j'ai enivré le peuple d'illusions en lui promettant l'organisation du travail.*

Le lendemain du *drapeau rouge*, les ouvriers socialistes se présentèrent en masse à l'Hôtel-de-Ville, accusant la lenteur du Gouvernement à tenir les promesses d'une révolution sociale, et nous demandant de signer une proclamation promettant au peuple l'organisation du travail. Ils demandaient cette parole à main armée. Ils n'avaient arraché encore ni de leurs chapeaux ni de leurs habits les derniers lambeaux du drapeau rouge. Les membres du Gouvernement refusent. Les insurgés insistent, ils menacent ; je m'avance à mon tour, et je commence ma réponse à leur sommation par ces paroles (Voir le *Moniteur*) : « Citoyens, vous me mettriez à
« la bouche de vingt pièces de canon, que vous ne me feriez pas
« signer ces deux mots réunis ensemble : *Organisation du travail !*
« et je vais vous dire pourquoi. Premièrement, c'est que je ne me
« crois ni plus ni moins d'intelligence qu'aucun des hommes de
« mon temps et de mon pays ; que j'ai passé quinze ans de ma vie
« à étudier cette question de l'organisation du travail comme vous
« l'entendez, et qu'il m'a été impossible de la comprendre ; je
« ne signe pas ce que je ne comprends pas. Secondement, c'est
« que je suis un honnête homme, et que je ne veux pas signer au
« peuple des engagements que je ne pourrais pas lui tenir. Quant
« au droit à l'assistance fraternelle par le travail, à des condi-
« tions qui ne fassent pas concurrence mortelle au travail libre,
« seul travail qui puisse nourrir des millions d'hommes ; quant à
« la série des institutions fraternelles que la République doit suc-
« cessivement organiser pour relever la situation du prolétaire,

« au bien-être, à l'instruction, à la propriété, je les signerai avec
« bonheur, car ce sont-là de ces promesses que je me suis faites
« à moi-même avant de les faire à une révolution. »

Était-ce là le langage d'un endormeur politique qui échappe à la circonstance en ajournant et en grossissant la difficulté ?

Le sixième jour, une pensée me saisit, et la même inspiration descend à la fois du Ciel dans l'âme de mes collègues. « Donnons un
« démenti éclatant d'avance à ceux qui voudraient jamais souiller
« de sang le principe républicain ; confondons la colère des uns,
« les terreurs des autres, brisons l'arme des réactions, abolissons
« l'échafaud, supprimons la peine de mort ! »

Je n'oublierai jamais le moment où cette proposition, sortie du cœur de tous et votée par tous, nous tombâmes dans les bras les uns des autres en nous donnant le baiser de vie ! Nous avions le pressentiment du sang que nous sauvions à l'humanité, des taches que nous épargnions à la République. Je rédigeai cette proclamation et la lus au peuple. Il la fit sienne en l'adoptant d'acclamation et en la signant de ses larmes.

Était-ce là encore une concession au bourreau, ou une concession à Dieu ?

Le surlendemain, un autre pressentiment me fit proposer au Conseil l'organisation de vingt-quatre bataillons de cette garde mobile, jeunesse de Paris, arrachée à l'émeute, donnée à la loi, à la discipline, à la patrie. Le 23 juin cette garde mobile a sauvé Paris et la France. Était-ce là de l'imprévoyance ?

Ces jours beaux et terribles passés, la même faction souterraine qui avait arboré le drapeau rouge renouvela, sous d'autres prétextes, ses tentatives d'usurpation et de dépravation de la République. Le 15 mars, l'ancienne garde nationale avait fait une démarche inopportune pour protester contre la suppression de quelques insignes dans son uniforme. Le même jour, le Gouvernement provisoire avait adopté une proclamation rédigée par moi au peuple Français. Cette proclamation avait pour objet de poser les vrais principes de la République et de rassurer les esprits alarmés par un langage irréfléchi dont le sens était désavoué par tous. Je disais dans cette proclamation : « Qu'il ne devait
« y avoir ni veille ni lendemain dans la date du républicanisme
« unanime ; que les vieux partis avaient vieilli d'un siècle en
» trois jours ; que les électeurs ne devaient pas faire acception

« de parti, mais de lumière et de patriotisme, que ce n'était pas
« un crime de n'avoir pas été républicain avant la République. »
Le Gouvernement tout entier s'associa par sa signature à ces
principes. Le lendemain, cent mille hommes environ, obéissant
évidemment à un mot d'ordre des partis extrêmes, et soumis à
une organisation occulte dont eux-mêmes ne connaissaient pas
le but, vinrent entourer l'Hôtel-de-Ville. Calme au dehors, cette
manifestation fut hostile au dedans. Les chefs des clubs les plus
entreprenants pénétrèrent dans le lieu de nos délibérations. Ils
nous sommèrent, au nom de ce peuple dont ils se disaient les
organes et qui les désavouait, d'ajourner les élections, de prolonger la dictature, de reculer l'époque de l'Assemblée nationale,
de décréter, sans désemparer, une série de mesures qui leur as-
suraient la domination de Paris. Mes collègues et moi, sans ex-
ception, nous répondîmes par un refus formel de délibérer sous
la menace. Les clubs, déconcertés par notre résistance, et par les
cris du peuple en faveur du Gouvernement provisoire se retirè-
rent. Lisez nos paroles à tous, car tous parlèrent avec intrépidité,
et dites si ce sont-là de lâches concessions au nombre et aux exigences de la multitude ?

C'est dans la même semaine qu'eut lieu la première tentative
des démocrates polonais. Abusant de la généreuse passion de la
France pour une cause que la France a toujours réservée dans
son cœur, quelques-uns d'entre eux avaient résolu d'imposer au
Gouvernement provisoire l'heure de la Pologne au lieu de l'heure
de la France, et de se faire de la faveur publique un droit à la
sédition. Ils vinrent la nuit au ministère des affaires étrangères. Si
« demain matin, me dit un de leurs orateurs, le Gouvernement n'a
« pas proclamé la guerre pour la Pologne, demain, à deux heures,
« nous renversons le Gouvernement à la tête de soixante mille
« ouvriers que nous avons soulevés et que nous dirigerons contre
« l'Hôtel-de-Ville. » — « Si la France, lui répondis-je, souffrait
« que son gouvernement fût renversé par une sédition d'étran-
« gers auxquels elle donne l'hospitalité, mais non l'empire, il fau-
« drait que la France fût descendue au-dessous des nations sans
« patrie ! » Les hommes sensés et modérés de ce noble pays,
ramenés par ces paroles, désavouèrent leur orateur. Ils vinrent le
lendemain à l'Hôtel-de-Ville sans cortège séditieux. Je leur dis ce
qu'il y avait à leur dire pour confesser hautement leur cause

sans allumer, au gré de leur imprévoyance, l'incendie européen. Était-ce une concession à la guerre universelle ?

Il en fut de même des Irlandais. Ils vinrent au nom du principe démocratique me demander des encouragements et des armes pour la guerre civile. Je leur dis que la guerre civile lancée chez nos voisins ne serait jamais une arme à l'usage de la République. Je leur rappelai les secours d'armes et d'argent donnés par le gouvernement britannique à la guerre héroïque mais funeste de la Vendée, mode d'intervention que la France n'imiterait jamais. Était-ce une concession à la guerre civile ?

3° On dit : La concession fut dans les tentatives de propagande armée que vous avez soldée, autorisée, peut-être dirigée vous-même contre la Belgique, contre l'Allemagne, contre la Savoie, pendant que vous donniez des paroles de paix aux gouvernements.

Citoyens! je réponds à cette accusation de duplicité par la correspondance la plus active avec les commissaires du Gouvernement sur ces frontières; par les ordres les plus formels de s'opposer à toute violation de cette nature; par les décrets et par les proclamations du Gouvernement provisoire; par la dissolution de ces rassemblements, partout où nous avions la force armée suffisante pour les dissoudre; par les loyaux avertissements de bon voisinage donnés à l'Allemagne, au Piémont, à la Belgique; par l'offre faite à l'ambassadeur de Sardaigne d'envoyer nous-mêmes un corps d'armée française à Chambéry pour y réprimer à main armée, nous-mêmes, l'invasion des réfugiés et des agitateurs de Lyon; mais j'y réponds par un fait plus irrécusable encore, et que vous ne contesterez pas; par le témoignage des nations intéressées. Oui, j'en appelle à toutes les républiques, à toutes les cours, à tous les ministres, à tous les ambassadeurs des nations qu'on m'accuse d'avoir ainsi rassurées tout haut, tandis que je les trompais tout bas. S'il y en a un seul qui accuse le ministre des affaires étrangères de complicité ou même de négligence dans la répression de ces tentatives; s'il y en a un seul qui n'atteste la franchise et la vigueur de la politique étrangère du Gouvernement provisoire, je me déclare convaincu de félonie. Les tribunes de Berlin, de Francfort, de Londres, d'Amérique, ont déjà répondu. Écoutez comment on y parle de notre attitude diplomatique de Février ! Voudriez vous rendre un ministre des affaires étrangères, et un gouvernement sincère et loyal, responsables des conjurations des clubs belges et des clubs auxiliaires français, qu'ils ne cessaient de combattre et de réprimer?

Cette politique loyale et ferme, républicaine et pacifique, j'étais spécialement chargé, comme ministre des affaires étrangères, de la faire accepter de la France et de l'Europe. J'avais à concilier, s'il était possible, le salut de la France, la dignité de ses actes, et la paix, nécessaire encore à une république désarmée, nécessaire toujours à une république économe de sang humain.

Le manifeste que j'adressai à l'Europe comme programme de la République au dehors, fut accepté à la fois par la France, par les peuples et par les gouvernements. La justice et la modération y mettaient le droit du côté de la France; le droit vaut des armées. Les puissances étrangères y répondirent par une prudence et par un respect de la révolution modérée, qui prévinrent la conflagration générale du continent. Que l'hommage en remonte à Berlin, à Londres, à Pétersbourg, à Madrid, à Bruxelles, à Francfort, partout! Quelques jours après les peuples, entraînés par la seule attraction des idées, se détachèrent des institutions absolues et gravitèrent vers nos principes. En Allemagne et en Italie, dix-sept révolutions partielles répondirent à la nôtre. Nous n'eûmes ni à incendier, ni à agiter, ni à combattre. Le nom, l'attitude et la réserve de la République combattaient pacifiquement pour nous. Un commencement d'harmonie s'établit entre nous et les puissances constitutionnelles. La France ne voulait que sa place dans le monde : qui aurait osé la lui refuser, surtout quand la France reprenait son vrai rôle de missionnaire sympathique des progrès de l'esprit humain par la liberté?

Pour correspondre à cette situation prise au dehors, je demandai immédiatement au Gouvernement trois armées d'observation : une armée de cent vingt mille hommes sur les frontières du Rhin et du Nord; une armée de quinze mille hommes sous les Pyrénées; enfin une armée de soixante mille hommes au pied des Alpes. Les deux premières n'étaient qu'une prévoyance, l'armée des Alpes était un acte.

L'Italie se levait pour son indépendance légitime. Le roi de Sardaigne allait combattre pour elle en Lombardie. Nous n'avions ni provoqué, ni encouragé sa guerre à l'Autriche. La question était, avant tout, italienne. Je ne devais pas y substituer une question française : nous aurions eu l'air de venir conquérir quand nous ne devions que secourir. Nous aurions alarmé le peuple allemand, réformé contre nous la coalition, et motivé la guerre générale sans alliés. Voici l'attitude que je fis prendre à notre diplomatie dans mes instructions, et que je pris tout haut, plus tard, à la tribune, avec l'approbation de l'Assemblée nationale.

Je dis : Nous devons nous préparer pour trois éventualités en Italie :

Ou Charles-Albert triomphera seul des maîtres de l'Italie ;

Ou Charles-Albert nous appellera ;

Ou Charles-Albert éprouvera des revers ;

Si Charles-Albert triomphe seul, tant mieux ! L'Italie sera libre sans nous.

Si la lutte de l'indépendance italienne se prolonge, et que Charles-Albert nous fasse appel, nous répondrons à cet appel, et nous descendrons à son secours, du droit de notre alliance motivée alors avec l'Italie.

Enfin, si Charles-Albert ne nous appelle pas, mais que la sûreté de ses Etats et des provinces qui auront conquis et proclamé leur indépendance soit menacée par suite de ses revers, nous descendrons, non comme conquérants, non comme agitateurs, mais comme médiateurs armés et désintéressés, en Piémont. L'Europe alors ne pourra accuser ni notre ambition ni notre impatience. Le droit de la proximité est un droit pour tous les médiateurs. L'Europe respectera ce droit en nous. Ses négociateurs nous suivront et marcheront du même pas que nos troupes. Les puissances s'uniront à nous pour asseoir sur une base suffisante et subordonnée aux événements l'indépendance de l'Italie.

J'ai quitté les affaires au moment où Charles-Albert était encore triomphant. J'ignore quels conseils ont suivi mes successeurs. Deux des éventualités que j'avais prévues et posées se sont réalisées ; mais la situation de notre gouvernement était altérée à l'intérieur, et commandait peut-être moins de témérité. Je l'ignore encore. La responsabilité de notre politique en Italie m'échappe à partir du 24 juin ; néanmoins j'ai confiance dans le coup d'œil du Gouvernement et dans la sagesse de deux grands cabinets de l'Europe. Je crois que les négociations suppléeront la victoire. Amener l'Europe à traiter unanimement de l'état de l'Italie avec la nouvelle République française m'a toujours paru de loin la perspective de cette affaire, un gage d'alliance et de paix pour le monde.

4° *J'ai retardé les élections pour prolonger le pouvoir dictatorial du gouvernement dont je faisais partie.*

Pour toute réponse, lisez le récit, au *Moniteur*, des cinq ou six journées que la faction dictatoriale des clubs anarchistes de Paris a tentées contre le Gouvernement provisoire pour nous arracher l'ajournement des élections ; vous y trouverez la réfutation en faits de cette absurde inculpation. Je n'ai eu qu'une pensée en trois mois : l'Assemblée nationale, le pouvoir promptement et solidement remis aux mains de la représentation républicaine. Le 17 mars, quelle est ma réponse au club de la Garde Nationale ? (Je copie) : « Citoyens ! de tous les dogmes qui ont survécu aux gran-
« des chutes de trônes ou de gouvernements, il n'y a qu'un dogme
« impérissable à nos yeux, c'est celui de la souveraineté natio-
« nale (*bravo! bravo!*); c'est celui de la souveraineté nationale, à
« laquelle nous n'attenterons jamais nous-mêmes, et à laquelle nous
« ne permettrons jamais qu'on attente en notre nom ou au vôtre. »

Le 17 mars, quelles sont mes paroles dans la proclamation destinée par nous à désavouer toute idée d'usurpation de cette nature ? Je copie encore : « Portés d'acclamation au pouvoir pendant l'in-
« terrègne du peuple, nous n'avons voulu et nous ne voulons d'au-
« tre dictature que celle de l'absolue nécessité. Si nous avions
« refusé le poste du péril, nous aurions été des lâches ; si nous y
« restions une heure de plus que la nécessité ne le commande, nous
« serions des usurpateurs. Vous seuls êtes forts ! Nous comptons
« les jours ; nous avons hâte de remettre la République à la na-
« tion. » Et ailleurs : « Encore quelques jours de magnanimité, de
« dévouement, de patience, et l'Assemblée nationale recevra de
« nos mains la République. La République sera grande et forte
« comme la nation ! »

Et le 17 mars enfin, quelle est ma réponse à la manifestation des cent mille hommes dont les prétendus organes nous somment d'ajourner les élections : « Citoyens ! je ne veux rien préjuger, par
« respect pour notre indépendance, sur un décret qui tendrait à
« déclarer à la nation que Paris affecterait le monopole de la Répu-
« blique ; sur un décret qui nous ferait prendre, au nom de la capi-
« tale seule, et sous la pression d'une masse bien intentionnée,
« mais impérative par son nombre même, la dictature de la Répu-
« blique conquise ici par tout le monde, mais conquise pour la
« France entière, et non pour quelques citoyens seulement !... Si

« vous me commandiez de délibérer sous la force et de pronon-
« cer la mise hors la loi de toute la nation qui n'est pas à Paris, de
« la déclarer pendant trois mois, six mois, que sais-je ? exclue de
« sa représentation et de sa constitution, je vous dirais, citoyens,
« ce que je disais à un autre gouvernement, il y a peu de jours :
« Vous n'arracheriez ce vote de ma poitrine qu'avec les balles qui
« l'auraient percée ! » Voilà comment j'ai ajourné l'Assemblée nationale en face de ceux qui demandaient son ajournement. Est-ce
aussi une de mes concessions ?

Il est vrai, toutefois, que nous ajournâmes plus tard de quinze
jours l'Assemblée nationale. Vous allez savoir pourquoi. C'est que
les élections des officiers de la garde nationale n'étant pas faites,
et cette armée civique n'étant pas encore organisée, nous voulû-
mes et nous dûmes attendre que la garde nationale fût debout
pour entourer l'Assemblée nationale du respect, de l'autorité et de
l'inviolabilité de Paris armé. Était-ce trahison, était-ce sollicitude
pour l'Assemblée nationale ? Le 15 mai a répondu !—Combien n'au-
rions-nous pas eu de 15 mai si la garde nationale eût été absente ?

5° *J'ai été complice de la manifestation des cent mille hommes
le 17 mars, faible et indécis le 16 avril.*

Je viens de vous raconter le 17 mars. Il était dirigé surtout
contre moi. Ouvrez le *Moniteur*, et lisez l'interpellation mena-
çante des chefs de clubs : c'est à mon nom qu'elle s'adresse. Lisez
ma réponse ; lisez le dialogue qui s'établit après cette scène entre
quelques hommes modérés de la manifestation et moi. Je copie
encore : « Un de ces citoyens s'approche et dit à M. de Lamartine :
« Soyez sûr que le peuple n'est là que pour appuyer le Gouverne-
« ment provisoire. » M. Lamartine répond : « J'en suis convaincu,
« mais la nation pourrait s'y tromper. Prenez garde à des réunions
« de ce genre, quelque belles qu'elles soient. Les 18 brumaire du
« peuple pourraient amener les 18 brumaire du despotisme, et ni
« vous ni nous n'en voulons. » Est-ce là le langage et l'attitude
d'un complice ?

6° *J'ai été inquiet, indécis ; je n'ai point pris de mesures dans la
fameuse journée du 16 avril.*

C'est là ce que le public ne soupçonnait pas ; mais ce qu'il a
conclu de la déposition dont on prête les termes à un honorable

général, acteur brillant mais secondaire dans cette journée

Or, voici cette journée du 16 avril, heure par heure. Chaque heure a sa lumière ; chaque circonstance ses témoins.

Les élections approchaient. La faction qui voulait renverser le gouvernement de la République modérée, et confisquer la République dans les clubs et dans la dictature de quelques hommes qui seraient devenus les instruments des clubs, méditait depuis quelques jours une tentative désespérée. Cent mille hommes dirigés par eux devaient se réunir au Champ de Mars, marcher de là en colonne sur l'Hôtel-de-Ville, épurer par la violence le Gouvernement provisoire de ceux de ses membres qui résisteraient à a domination des clubs, proclamer un *comité de salut public*, gouvernement dictatorial, réminiscence du despotisme de la Convention, parodie du 31 mai contre les Girondins. Nous en étions informés. Nous avions fait les efforts les plus pathétiques pour détourner les menaces de cet attentat contre la souveraineté du peuple, au moment où il allait s'exprimer, dans peu de jours, par le suffrage universel. Nous n'avions pas réussi. Le coup d'état des clubs était résolu. Nous ignorions seulement quel jour il serait porté.

A six heures du matin, des hommes zélés, échappés avec peine des conciliabules, vinrent me prévenir que les clubs directeurs avaient passé la nuit en délibération ; qu'ils s'étaient déclarés en permanence ; qu'ils avaient décidé mon ostracisme *à tout prix;* qu'ils étaient munis d'armes et de cartouches ; que des sentinelles veillaient aux portes pour empêcher d'entrer et de sortir ; qu'un comité de salut public avait été proclamé, comité composé de quelques membres du Gouvernement provisoire désignés à leur insu, et d'autres noms alors investis d'une certaine puissance d'agitation. Ils ajoutèrent que ces clubs et leurs affiliés allaient se mettre à la tête des ouvriers réunis ce jour-là au Champ de Mars pour une élection, les entraîner à l'Hôtel-de-Ville, y consommer leur attentat contre mes collègues et moi. De là ils devaient marcher contre le club *Blanqui*, et se défaire de ce rival de dictature, qui leur disputait le peuple, et qui offusquait leurs plans. On saura plus tard pourquoi Blanqui était seul contre tous et pourquoi tous contre lui !

Je pris à l'instant le peu de mesures défensives que le moment comportait. La garde nationale, à peine recomposée, n'avait pas encore reparu sous les armes. Je fis avertir isolément quelques chefs

et des agents dévoués de ma politique dans les faubourgs Saint-Antoine et Saint-Marceau. Ils se tinrent prêts à rallier les ouvriers de ces quartiers, très-bien intentionnés, et à venir défendre l'Hôtel-de-Ville au premier signal. Je plaçai pour cela de nombreuses vedettes en observation sur la place de Grève. Ceux de mes collègues qui étaient avertis comme moi, prirent de leur coté les mêmes mesures. A onze heures, au moment où j'achevais ces dispositions, on m'annonça le ministre de l'intérieur. Il me dit tout ce que je savais déjà de la conspiration. Il ajouta qu'on lui avait fait l'injure de porter son nom parmi ceux des membres de ce comité de salut public, mais qu'il ne trahirait jamais ses collègues et qu'il venait se concerter avec moi sur les mesures à prendre pour résister à l'insurrection. Nous convînmes en peu de mots qu'il ferait à l'instant battre le rappel en sa qualité de ministre de l'intérieur, pendant que j'irais chez le général Duvivier chercher quatre bataillons de la garde mobile et les diriger sur la place de Grève. « Je tiendrai trois heures au moins dans l'Hôtel-de-Ville,
« dis-je à mon collègue; si la garde nationale ne répond pas au
« rappel, j'y succomberai ; si elle se lève, elle viendra délivrer le
« siége du Gouvernement ; et la République, entourée d'une telle
« force, sera définitivement constituée. »

Le ministre de l'intérieur sortit, il alla lui-même ordonner de battre le rappel. Je sortis au même moment. Je me rendis chez le général Duvivier. Le général était absent. Son chef d'état-major, son secrétaire et moi nous choisîmes les quatre bataillons, nous écrivîmes les ordres, nous envoyâmes les ordonnances aux casernes. A ce moment, le général Duvivier rentra. Je lui fis part de mes dispositions; il les modifia. Je lui demandai si les bataillons avaient des cartouches; ils n'en avaient pas. Je me chargeai d'aller moi-même les chercher à l'état-major de la garde nationale. Le général Courtais y entra en même temps que moi. Il venait de donner sans hésitation l'ordre de battre le rappel. Il était midi et demi. Je courus à pied à l'Hôtel-de-Ville, pour attendre et disposer les bataillons.

Pendant que je prenais ainsi toutes les mesures, le général Changarnier, nommé quelques jours avant ministre à Berlin, était venu au ministère des affaires étrangères pour m'entretenir de ses instructions. On lui avait dit ce qui se passait, et on l'avait engagé à venir me trouver à l'Hôtel-de-Ville, pour prêter à la défense le concours d'un homme brave et expérimenté. Je le trouvai, ou il me trouva chez le maire de Paris. Le maire de Paris et moi nous engageâmes le général à prendre officieusement la direction des forces qui allaient arriver. On nous dit que le rappel ne battait pas encore dans tous les quartiers. Nous craignîmes qu'un contre-ordre eût été donné. Le maire de Paris signa, en conséquence, un nouvel ordre. Nous envoyâmes cet ordre au Carrousel. C'est ce second ordre que le général Changarnier aura pris, loyalement sans doute, pour le premier, donné par le ministre de l'intérieur et exécuté deux heures avant. Mes quatre bataillons arrivèrent. Le général les disposa, les harangua, les alluma du feu militaire dont il était lui-même inspiré. L'injustice qu'il montre envers moi ne me rendra pas injuste envers lui. Il fut éblouissant d'ardeur. M. Marrast, de son côté, avait pris avec décision, dans les quartiers environnants, toutes les mesures de défense et de concentration des forces disponibles à sa portée. L'Hôtel-de-Ville devenait de minute en minute une place forte. J'écrivis aux légions de la banlieue d'accourir. Des élèves de l'École polytechnique portèrent mes ordres. Les ouvriers du faubourg Saint-Antoine, les ouvriers des carrières de Belleville, les Lyonnais, rassemblés d'avance par M. Marrast, des députations des élèves des écoles Polytechnique, de Saint-Cyr, des Arts et Métiers, des écoles de Droit et de Médecine, accoururent. Je les haranguai successivement. Toute cette jeunesse a été trois mois de suite la force et la sagesse à la fois de la République. La foule succédait à la foule dans les escaliers et dans les salles. Toute l'administration de Paris, tout le personnel du *Moniteur* étaient là. Qu'ils disent si j'ai montré un instant d'hésitation, de lassitude ou de faiblesse ; si une seule mesure fut omise ; une seule parole troublée ; un seul geste abattu ; jusqu'au moment où la garde nationale, débouchant de tous les ponts et de tous les quais à la fois, vint nous assurer la plus belle des victoires, la victoire sans combat ! J'aime et je respecte l'uniforme ; le général Changarnier le porte bien ; mais l'uniforme seul n'a pas le privilège de couvrir des hommes de cœur.

Mes collègues, réunis sur un autre point de Paris, assistaient, de leur côté, à cette grande résurrection de la force civique. De ce jour l'ordre public eut son armée. Voilà la journée du 16 avril. Où est le défaut de mesures ?

Il y eut, en effet, le lendemain, une mesure qui me fut conseillée par des impatients, et que je me refusai à prendre. Si je l'avais prise, j'aurais mis la guerre civile dans l'Assemblée nationale et dans mon pays. Je voulais y mettre la paix.

7° *Après l'arrivée de l'Assemblée nationale, j'ai refusé, dit-on, par faiblesse, de prendre* SEUL *la direction du gouvernement pour lequel tant de suffrages semblaient m'indiquer au choix de l'Assemblée nationale. J'ai induit ainsi l'Assemblée nationale à former une commission de gouvernement sans unité.*

Je réponds à ce reproche par l'analyse sincère des sentiments très-intimes et très-réfléchis qui me firent prendre cette décision, dont je suis loin de me repentir.

Au moment où l'Assemblée nationale, tant souhaitée par moi, arrivait enfin à Paris, et où la faveur spontanée et imméritée du pays, signalée par deux millions de suffrages, semblait me faire une candidature au gouvernement, trois partis s'offraient à moi :

Ou briguer le pouvoir *unitaire*, qu'on paraissait disposé à m'offrir ; l'exercer seul au nom de l'Assemblée, comme le général Cavaignac aujourd'hui, mais sans avoir, comme le général, la douloureuse excuse de la nécessité au lendemain d'une guerre civile, le prestige mérité du commandement militaire, les pouvoirs de l'état de siége et les forces matérielles constituées dans l'armée de Paris ·

Ou bien m'isoler à la fois du gouvernement ancien et du gouvernement nouveau ; retirer mon nom de toute responsabilité ; et attendre sur mon banc, enveloppé de popularité, de regrets et d'espérances, le choix du pays pour les grandes magistratures de la République ;

Ou bien enfin me sacrifier moi-même, me perdre, m'anéantir dans des flots de difficultés et d'impopularité certaines, en consentant à faire partie d'une commission exécutive, pouvoir tout à la fois nécessaire et impossible, bon à user et à accuser ! Je le savais.

Examinons ensemble chacun de ces trois partis, non du point de vue de mon ambition, mais du point de vue de la fondation de la République.

Accepter seul le gouvernement, et en exclure par conséquent tous mes collègues républicains du 24 février? C'était créer à l'instant même une majorité et une minorité acharnées l'une contre l'autre dans le sein de l'Assemblée nationale ; c'était former, dès le premier jour, deux partis, quand je voulais les fondre, pendant les premiers temps du moins, ne fût-ce qu'en apparence, dans une patriotique et républicaine unité d'action ; c'était donner des chefs à ces partis et des armées à ces chefs ; la guerre intestine dans la tête de la République ne pouvait manquer de produire des convulsions dans les membres. Une fois cette minorité et cette majorité ortement dessinées dans l'Assemblée, chaque discussion devenait un orage ; chaque orage avait son retentissement, et son contrecoup au dehors ; diviser l'Assemblée, c'était diviser la République ; la diviser quand elle existait à peine, c'était la perdre ou l'ensanglanter. Car enfin, entre cette majorité et cette minorité, moi, gouvernement, il m'aurait fallu choisir. Il m'aurait fallu, moi, nouveau venu de Février, m'appuyer exclusivement sur le parti du lendemain contre le parti exaspéré de la veille. Immédiatement, la République, dans mes mains, devenait suspecte aux républicains de Février. Ils entraient en lutte contre elle ; ils avaient la tribune, la presse, les clubs, les délégués à peine licenciés du Luxembourg, l'armée de cent mille hommes des ateliers nationaux, les bonapartistes, les terroristes, les socialistes subversifs, recrutés sous leurs mains en un seul faisceau d'opposition. L'Assemblée nationale aurait combattu contre toutes ces forces de désordre disciplinées tout à la fois. C'est vrai ; mais vaincue, elle était dissoute et remplacée par une tyrannie anarchique. Victorieuse, elle était contrainte de devenir violente et conventionnelle à rebours. Des deux manières, la République, pacifique, constitutionnelle, et presque unanime que nous voulons tous, était perdue, et mon ambition inconsidérée était la cause de sa perte ! L'histoire m'aurait accusé et convaincu avec raison de n'avoir calculé ni mes forces ni celles d'une Assemblée à peine assise sur le sol. Ce que tant d'hommes irréfléchis, et qui voient les choses de loin, me présentaient comme l'heureuse audace d'un homme d'État, n'eût été, selon moi, que l'étourderie d'un ambitieux sans lendemain ! Ma place était marquée à côté de ces hommes de ridicule et de malheur qui perdent les républiques et les monarchies, par l'impatience et par la présomption de les sauver seuls...

Mais vous pouviez, me dit-on, vous abstenir du moins d'entrer dans la commission exécutive, et rester libre et invulnérable dans votre isolement !

C'est vrai, l'égoïsme me le conseillait assez ; je grandissais par

2.

l'éloignement; je réservais une popularité intacte à la République; je me faisais, à bon marché, une candidature à tout. Mais qu'importe la candidature quand il n'y aurait plus eu de République? Or, il est évident pour moi que, si j'avais retiré mon nom, alors significatif et lien des partis, à la combinaison de la commission exécutive, l'Assemblée nationale aurait formé un gouvernement d'une seule couleur, pris exclusivement parmi les hommes injustement suspects de ressentiment contre la République! Il est évident aussi que ce gouvernement aurait créé à l'instant même, dans l'Assemblée, le même antagonisme et les mêmes déchirements, qui, selon moi, perdaient ou exaspéraient la République! Je n'écoutai pas l'égoïsme : voilà mon crime; je consentis en gémissant à m'annihiler pour renfermer dans le Gouvernement tous les gages de la conciliation entre les hommes possibles et politiques des différents grands partis de la révolution.

— C'est ce qui a fait tout le mal! me crie-t-on. — C'est ce qui a fait tout le bien aussi, vous dis-je. C'est ce qui a fait que les factions ont été, non détruites, mais décapitées et désunies; et qu'au lieu d'avoir à les combattre en un seul bloc avant l'heure de votre force, elles vous ont assiégé de tentatives isolées et impuissantes dont la République a triomphé avec vous! C'est ce qui fait que nous avons encore l'unanimité de l'Assemblée nationale dans toutes les questions vitales pour la préservation de la société, de la propriété, de la patrie! C'est ce qui fait que nous l'aurons longtemps encore; que nous nous réconcilierons encore, tous les jours de danger, dans le patriotisme, et que nous étoufferons d'un commun accord les amorces de dissensions qu'on nous jette du dehors, mais que nous n'accepterons pas!

« *Ce ne sont pas là les vrais motifs du système de non-exclusion*
« *que M. de Lamartine a conseillé à l'Assemblée nationale pour la*
« *commission exécutive. Ces motifs, inexplicables autrement, s'ex-*
« *pliquent par des mystères de complicité entre deux hommes.* »
Passons sur la pudeur et osons copier ce qui a été imprimé.
« Le ministre de l'intérieur a trouvé dans les papiers de son mi-
« nistère des preuves écrites de la vénalité de son collègue, sous
« le gouvernement de Louis-Philippe. M. de Lamartine était un
« stipendié de M. Duchâtel. Il en a reçu quarante mille francs
« l'année dernière. Le reçu existe. Menacé sans doute de la di-

« vulgation d'une telle pièce, on comprend que M. de Lamartine
« n'a eu que le choix de l'alliance ou de l'infamie. Ce n'est pas
« tout ; M. de Lamartine a dilapidé la fortune publique. Le len-
« demain du 24 février, il a détourné douze cent mille francs ou
« deux millions du trésor. Du fruit de cette concussion il a payé
« ses dettes comme César ou Catilina. Il a acheté des terres en
« France, des maisons à Londres. » Je m'abaisse à répondre,
non pour moi, mais pour la République. Dévorer les hommes pour
rendre l'institution impossible, c'est tout le secret de ses ennemis.

Éclairons le premier fait ! Je suis écrivain ; grêvé de charges, je
vis surtout de mon travail. En 1844 j'écrivis une tragédie dans
l'intérêt d'une cause qui a toujours été sacrée pour moi : l'éman-
cipation des esclaves noirs dans nos colonies. Je voulais gagner
par le sentiment, devant l'opinion, une cause tant de fois perdue
devant la loi.

En 1848, un mois avant la révolution de février, M. *Buloz*, directeur du théâtre Français, me proposa de m'acheter mon œuvre
pour l'exploiter, en toute propriété, comme directeur du théâtre
Français d'abord, comme éditeur de *la Revue des Deux-Mondes*
ensuite. Le prix total fut fixé verbalement entre nous à quarante
mille francs. Quand on fut sur le point de rédiger les clauses,
M. Buloz me dit : « J'en écrirai à M. Duchâtel, car le budget du
« théâtre Français se compose de deux éléments : les fonds du
« théâtre lui-même, et la subvention donnée par les Chambres
« au théâtre. Cette allocation de la chambre m'oblige à avoir
« l'approbation du ministre pour l'emploi que j'ai à faire de mes
« fonds. » J'ignorais cette connexion de comptabilité très-natu-
relle entre le ministre de l'intérieur et le directeur du théâtre
Français ; mais craignant que cela ne pût donner lieu à l'apparence même de la relation la plus éloignée d'argent entre moi,
député, et le gouvernement, je refusai de conclure un contrat
dans lequel les fonds du gouvernement et le ministère intervien-
draient à un titre quelconque. Le contrat n'eut pas lieu. Si c'est là
la pièce que la calomnie peut produire en preuve de ma vénalité,
qu'elle la produise ! elle ne peut me convaincre que d'un excès
de scrupule, de délicatesse et de susceptibilité ! M. Buloz est là.

Passons à mon second crime : *j'ai détourné douze cent mille
francs ou deux millions le 24 février du trésor public. J'en ai payé
mes dettes et acheté des terres en France, des maisons à Londres.*

Ici je suis très-embarrassé, car je ne sais pas même où est le trésor public, si ce n'est au ministère des finances, ministère avec lequel je n'ai jamais eu aucun rapport et dont toutes les opérations, soumises à des ordonnancements et à des vérifications sans nombre, sont en outre contrôlées chiffre à chiffre, par la Cour des comptes que la République a laissée en vigueur, de manière à ce qu'un seul centime ne puisse s'enfuir de ces caisses sans qu'on remonte à sa source, ou qu'on le suive à la trace dans son emploi à travers le dédale des légalités et des formalités du budget. Mes accusateurs peuvent donc être bien tranquilles. Si j'ai découvert ces caisses du trésor public et si je les ai spoliées en présence des innombrables responsabilités qui les surveillent, et des innombrables comptabilités qui les calculent, les enregistrent et les vérifient, je n'emporterai pas bien loin mes millions !

Ai-je besoin d'ajouter que je donne tout ce fruit de mes concussions, plus ma fortune tout entière, et mon honneur par-dessus le marché à celui qui voudra bien me désigner ce banquier de Londres dont parle le *Morning-Chronicle*; ces maisons achetées, ces dettes payées ?

La vérité, c'est que je n'ai eu d'autre maniement personnel de fonds que la disposition de 293,000 francs de fonds secrets diplomatiques ordinaires à dépenser en missions, en informations et en influences utiles de tout genre, dans un moment où il fallait tout voir par l'œil de la République, suppléer à l'action suspendue des agents de la monarchie au dehors, et où j'étais tout à la fois ministre des affaires étrangères et membre d'un Gouvernement dictatorial. J'aurai au besoin à justifier pleinement la convenance d'allocations et la réalité d'emploi de cette somme affectée, sous la responsabilité du ministre, à cette nature du service public. Ce serait là cependant la seule parcelle des fonds de la République, sur laquelle j'aurais pu prélever ces sommes imaginaires envoyées par moi à l'étranger, ou détournées à payer mes dettes ! Si mes accusateurs ne veulent pas croire à l'impossibilité morale de mes prétendues concussions, ils croiront du moins à l'impossibilité de l'arithmétique !

Je vais pousser plus loin l'édification de ces hommes honnêtes et crédules, incapables d'inventer ces chuchottements de la haine, mais qui les laissent bourdonner à leurs oreilles, sans savoir comment les écarter. Un décret de la Convention ordonnait que tout représentant du peuple, sortant du pouvoir ou venant de mission, rendît compte à la tribune de sa fortune privée, afin de bien convaincre le peuple qu'il ne l'avait pas grossie de la fortune publique. J'aime ce décret. Je le suppose existant, et je compte tout haut, puisqu'on le veut, avec mes amis et mes ennemis.

Le 1er janvier dernier, cinquante-trois jours avant la République, ma fortune générale consistait en *deux millions cinq cent mille francs* environ, tant en terres, maisons et mobiliers, qu'en placements et propriétés littéraires. Mes dettes se montaient à *six cent cinquante mille francs*. Rien de plus facile à vérifier que ces deux chiffres par les terres, contrats et hypothèques.

— Mais vous aviez, me dit-on, onze cent mille francs de dettes en 1847, et vous n'en avez plus que six cent mille. Vous en avez donc remboursé cinq cent mille? Vous les avez donc payées sur le trésor public? Citoyens! il n'y a à cela qu'une petite difficulté : c'est que ces cinq cent mille francs de dettes ont été remboursées par moi, six mois avant la Révolution. Et sur quels fonds ai-je remboursé, en 1847, ces cinq cent mille francs? Sur trois cent mille francs qui m'ont été payés par l'éditeur de l'*Histoire des Girondins*, et sur quatre cent cinquante mille francs, prix de la terre patrimoniale de *Péronne*, près Macon, vendue par moi à la même époque. Allez aux informations : ma terre vendue, mes acquéreurs, mes notaires, mes éditeurs, mes créanciers, mes actes et mes quittances, vous répondront plus péremptoirement que moi.

Quant au mouvement de ma fortune disponible depuis le jour de l'établissement de la République et de mon avénement au pouvoir jusqu'à aujourd'hui, le voici : J'ai été obligé d'emprunter *cent dix mille francs* pour en rembourser *cent cinq mille*. Les prêteurs, éditeurs, créanciers remboursés sont là aussi pour attester par leurs titres l'exactitude de ces assertions. Je suis prêt à produire ces témoignages aux plus incrédules. Leurs noms répondent de la moralité et de la sincérité des actes. On voit que la source de mes remboursements partiels, en 1848, n'est pas dans le trésor public, mais dans la caisse de mes créanciers et de mes amis.

Je rougis de remuer et de relever ces chiffres ; mais le peuple a tout droit sur la réputation de ses représentants. Allons plus loin encore.

J'avais conclu, peu de temps avant le 23 février, à diverses dates avec des libraires des éditeurs, des capitalistes et des propriétaires de journaux, des contrats pour l'exploitation de mes œuvres littéraires passées présentes et à venir, s'élevant ensemble à la somme de *cinq cent quarante mille francs*. J'espérais, du fruit de mon travail assidu, payer en quelques années mes créanciers, en conservant mon patrimoine à une famille nombreuse et chère, et aux plus nombreuses familles de cultivateurs qui vivent de mon capital. Le soin des affaires publiques et la crise, dont je ne voulais pas abuser contre d'honnêtes et généreux contractants, m'ont forcé à résilier tous ces actes et me forceront à rembourser les avances que j'avais reçues. C'est donc *cinq cent quarante mille francs* que j'ai sacrifiés volontairement de plus à la révolution. Voilà mes bénéfices sur la République? Voilà le vrai trésor enfoui dans ma conscience pour me réserver libre et entier aux travaux et aux nécessités de mon pays! Je ne regrette pas une parcelle de cette fortune de l'homme de lettres sacrifiée par l'homme politique à la fondation de l'ordre nouveau. J'y sacrifierais avec joie non-seulement le reste de ma fortune, mais mon nom, ma liberté, ma vie! Que nos biens, nos réputations, nos individualités soient broyés dans le mouvement des choses humaines, mais que la République constitutionnelle se fonde et que le peuple grandisse en raison, en moralité, en droits et en bien-être! Voilà la seule justice et la seule récompense que je demande à mon siècle et à mon pays!

J'ai eu des rapports avec Sobrier, Blanqui, Raspail, Barbès, de Flotte (*le lieutenant de vaisseau*) *et avec d'autres hommes qui depuis ont été accusés de conspiration ou d'attentat contre l'Assemblée nationale.*

C'est vrai. Ces rapports dont on a voulu me faire un crime son un des titres que je revendiquerais le plus haut à la justice des bons citoyens, pour les avoir aidés de tous mes efforts à traverser, sans catastrophes, ces jours les plus difficiles d'une révolution. L'explication de ce mystère est dans les dates. Ce n'est pas depuis la réunion de l'Assemblée nationale que j'ai eu des entrevues avec ces accusés; c'est dans les premiers temps qui ont suivi la révolution de février; c'est dans les jours où il n'y avait d'autres forces à Paris que les forces individuelles de quelques hommes puissants en agitation ou en apaisement sur la multitude. J'aurais manqué à tous les devoirs que l'extrémité des circonstances m'imposait si j'avais négligé de voir, d'influencer loyalement par des entretiens politiques intimes, de m'efforcer de rallier à la république constitutionelle, honnête, modérée, pratique, des hommes capables de la servir ou de la perdre. Je voudrais pour ces hommes, alors bien intentionnés, et pour moi, que ces entretiens eussent été entendus de ceux qui m'accusent. Il n'y a rien là qui ne fût à la décharge de leurs actes et de leurs pensées du moment. Ces hommes ont aidé et non entravé l'action toute individuelle alors du gouvernement. Les attentats dont ils ont été ou inculpés ou convaincus depuis, leur situation actuelle d'accusés, ne me rendront pas injuste envers eux. Voici, du reste, l'historique de ces rapports tout à fait dénaturés.

J'avais été assez heureux pour sauver la vie à *Barbès* sous le dernier gouvernement, Il est d'autant plus juste de renvoyer aux absents le mérite de cette grâce, que le souvenir d'une vie sauvée doit être une des consolations de l'exil. *Barbès*, à sa sortie de prison, vint me remercier. Je l'engageai à profiter de l'autorité que son long martyre lui donnait sur son parti pour contenir ce parti dans les limites d'une république qui fût le perfectionnement et non la subversion de la société. Je le trouvai dans ces dispositions. Il les manifesta courageusement le 17 mars à l'Hôtel-de-Ville, ainsi que Sobrier. Depuis, Barbès s'éloigna insensiblement de moi. Il méritait d'être regretté.

De Flotte et plusieurs de ses amis avaient de l'action sur les clubs. On cherchait alors à s'emparer de la puissance de ces réunions pour les faire protester contre la convocation de l'Assemblée nationale. Je convainquis les chefs que la nation seule pouvait donner de la force à la République. Je trouvai chez ces hommes plus de modération que je n'en attendais sur leurs noms.

Raspail me parla en théoricien et non en séditieux. Il paraissait mettre de la conscience dans ses opinions. Il adoucissait dans son journal et dans son club le caractère de la révolution et les mœurs de la République.

Je connaissais *Cabet* de longue date. Les théories rêvent et ne conspirent pas. L'absence de mémoire qu'il vient de montrer à mon égard, en répondant à un procédé généreux par une colère, ne me rendra pas son accusateur. Il ne travailla point à détériorer l'âme du peuple, ni à exaspérer la République.

Blanqui lui-même vint se livrer un matin, avec abandon, à moi, à l'heure où l'on prétendait qu'il conspirait ma mort. J'en plaisantai avec lui. Je ne crois pas au poignard dans les mains de ceux qui manient l'arme intellectuelle. Blanqui m'intéressa plus qu'il ne m'effraya. On voyait en lui une de ces natures trop chargées de l'électricité du temps, qui ont besoin que les commotions les soulagent sans cesse. Il avait la maladie des révolutions. Il en convenait lui-même. Ses longues souffrances physiques et morales étaient empreintes sur sa physionomie, plus en amertumes qu'en colères. Il causait avec finesse. Son esprit avait de l'étendue. Il me parut un homme dépaysé dans le chaos, qui semblait chercher de la lumière, et une route à tâtons à travers le mouvement. Si je l'avais revu plus souvent, je n'aurais pas désespéré de lui pour les grandes utilités de la République. Je ne le vis qu'une fois.

Quant à *Sobrier*, voici à quelle occasion je l'avais vu. Un jeune homme de ses amis, que je connaissais pour un républicain d'ancienne date, me l'amena le 27 février. Sobrier réclamait la préfecture de police au nom du peuple qui l'avait délégué, disait-il, pour ces fonctions. Je lui dis que le Gouvernement provisoire y avait nommé un autre républicain ; que la République ne commencerait pas par l'anarchie, en donnant deux titulaires à un emploi. Sobrier s'éloigna mécontent.

J'appris plus tard que c'était un jeune homme d'une honorable famille du Dauphiné, possesseur d'une fortune assez considérable, qu'il dépensait en soulagement des misères de son quartier ; que sa tête, foyer d'enthousiasme, s'enflammait au vent ; qu'il associait des idées religieuses aux idées révolutionnaires ; que cet illuminisme politique le rendait contagieux pour les masses ; qu'il les soulevait aisément, mais qu'il ne les dirigeait pas sciemment au mal. Je désirai le voir, et je le revis souvent. Il inspirait un club ; il rédigeait un journal, *la Commune de Paris*. Mes idées et ma franchise parurent avoir une puissance d'attraction sur lui ; il travailla loyalement et avec désintéressement à propager la république régulière dans son entourage. Il combattit courageusement la dictature le 17 mars, et se prononça pour la souveraineté de l'Assemblée nationale. On dit : Mais il a ouvert ensuite, rue de Rivoli, n° 16, je ne sais quel antre de démagogie armée, et vous lui avez fait donner des armes par le ministère de la guerre. Ce fait tant argué contre moi est faux. Voici la première phrase d'un billet que Sobrier m'a fait remettre hier à mon banc, à l'Assemblée nationale, au moment où l'on discutait l'enquête : « *Citoyen! dans*

« *sa déposition*, CAUSSIDIÈRE *dit qu'il m'a remis deux cents fusils* » *de munitions sur une lettre de vous, erreur!...* Voici le fait : » et il raconte alors les moyens et les hommes par lesquels il s'était procuré ces deux cents fusils pour défendre, dit-il, le gouvernement, contre une insurrection communiste. Je reçois en même temps de Vincennes la copie de l'ordre ministériel, en vertu duquel on délivra des fusils à Sobrier, pièce qui démontre que je suis entièrement étranger à cette livraison d'armes que l'on m'a tant reproché.

Voici la pièce :

DIRECTION
D'ARTILLERIE
DE PARIS.

COPIE CONFORME DE L'ORDRE D'EXÉCUTION.

No 378.

Paris, le 14 *avril* 1848.

Mon cher commandant,

En exécution d'un ordre ministériel de ce jour, vous ferez transporter cette nuit :

1. A la préfecture de police,
600 fusils à percussion transformés,
3000 paquets de cartouches pour fusils à percussion, balles de 0,0163 avec capsules ;

2. A la maison rue de Rivoli, n. 16, pour être remis au citoyen Sobrier,
400 fusils à percussion transformés,
3000 paquets de cartouches pour fusils à percussion, balles de 0,0163 avec capsules.

Le lieutenant-colonel directeur par intérim,
Signé, C. LEJEUNE.

Ces deux pièces sont à la disposition du public. Néanmoins, si je n'ai pas ce tort sur ma conscience, j'aurais pu l'avoir très-innocemment et voici pourquoi : Du 24 février au 16 avril, nous n'avions aucune force publique légale pour protéger l'ordre, la rue, la propriété ; le Gouvernement, menacé sans cesse, collectivement ou individuellement, de soulèvements, de manifestations, d'enlèvements, d'assassinats, nous étions forcés d'employer, pour défendre notre cause, des forces individuelles, volontaires, illégales. Chacun de nous avait son armée d'amis, de clients, comme à Rome, dans le temps des guerres civiles. L'hôtel des affaires étrangères était un camp dans certaines circonstances et dans certaines nuits. Sobrier s'était mis à la disposition de mes amis politiques, en cas d'attaque. Il avait, disait-il, cinq ou six cents hommes dévoués qui accourraient au premier signal. Nous étions en état de légitime défense, car nous défendions en nous l'ordre et la société. Il est bien d'avoir des scrupules sur la légalité de quelques armes données à des citoyens sans titre, quand on a un gouvernement retrouvé, quatre cent mille hommes à sa porte, et la loi dans sa main !

Quelque temps avant les élections, je cessai de voir Sobrier. Il porta dans son journal la liste des candidatures de la *Réforme* ou du *Luxembourg*, d'où j'étais exclu, et qui ne renfermait que des ouvriers du Luxembourg et quelques noms d'hommes politiques d'une autre couleur que la mienne. Le général *Courtais* vint m'avertir ensuite que Sobrier tenait un club armé dans la rue de Rivoli ; il me pria d'user de mon ancienne influence sur lui pour l'engager à dissoudre ce club, sans quoi nous le dissoudrions de force. Je le fis. Sobrier obéit trop lentement à ce conseil. Je n'ai plus eu de rapport avec *Sobrier* depuis cette époque. J'appris que son nom était devenu un objet de terreur exagérée dans Paris. Je n'entendis plus parler de lui jusqu'au lendemain du 15 mai, où on le conduisit à Vincennes.

Voilà toutes mes complicités avec Sobrier. Ce sont les complicités de la raison avec l'excès, et du sang froid avec l'entraînement des opinions !

L'on s'étonne que j'aie eu des entrevues avec des hommes qui paraissent aujourd'hui des dangers publics, qui étaient alors des moyens de salut ; je répondrai ce que j'ai déjà dit à la tribune de l'Assemblée nationale en d'autres termes : « Eh quoi, citoyens ! « vous voulez que je sorte du carctère d'une révolution, et vous « ne voulez pas que j'aie eu de contact avec la lave ! Et comment « donc l'aurais-je dirigée, si je n'y avais pas touché ? Mais ces hom- « mes, c'était la révolution même ! L'avez-vous oublié ? »

Je reviens à la commission exécutive. C'était, je vous l'ai déjà dit, un gouvernement à user et à accuser, une planche de salut pour traverser des difficultés infranchissables et pour être jetée après dans le précipice. Son dévouement était son seul mérite ; nous avions tous la conscience du sacrifice. Le dévouement a été, quoi qu'on en dise, actif, sincère, unanime. Tous les membres de ce gouvernement ont fait leur devoir plus et mieux qu'on ne le croit au dehors. Il n'y a lieu là sans doute, ni à l'éloge ni au blâme, mais à la justice et à l'impartialité. Ce gouvernement a eu un 23 juin, c'est vrai ; c'est déplorable ; mais toutes les grandes révolutions se liquident, en commençant, par des *journées* de cette nature. L'Assemblée nationale et la République modérée ont vaincu. Voilà tout ce qu'il y a à répondre. Et avec quelles forces l'Assemblée nationale et la République ont-elles vaincu ? avec les forces préparées par nous en garde mobile, en gardes civiques, en troupes de ligne, et avec la main du général républicain que nous avions appelé nous-mêmes d'Afrique pour sauver la République à un jour donné !

Un mot sur ce 15 mai et sur ce 23 juin, où l'imbécillité de la haine n'a pas craint de me chercher des complicités.

Le 15 mai fut un accident populaire, un scandale, l'irruption d'un attroupement dans la salle, sans intention arrêtée de crime dans la masse, sans autre plan, chez quelques meneurs, que d'affronter l'Assemblée, de l'avilir, de la subordonner aux clubs. Ces meneurs même étaient peu nombreux. Les chefs des principales factions ne s'y mêlaient pas. Ils regardaient s'accomplir cette tentative comme un essai des petites factions, qui leur montreraient jusqu'où pourraient se hasarder les grandes. Je suis persuadé qu'on trouvera dans cette journée plus d'entraînement que de préméditation dans le grand nombre.

Voici comment je fus leur complice :

A l'entrée de la première salle qui précède l'enceinte, je me plaçai seul, les bras étendus, devant la tête de la colonne. Les dépositions de l'enquête parlent de menaces et de poignards. Je ne les entendis pas ; je ne les vis pas ; un dialogue véhément s'établit entre les chefs et moi. « Je suis membre du Gouverne-« ment ; mon devoir est de couvrir l'Assemblée nationale contre « toute atteinte à sa dignité. Vous ne passerez que sur mon « corps. » Ils s'adoucirent, discutèrent, reculèrent. Plus tard, la foule ayant envahi toutes les issues, entra par les tribunes. Je restai à mon banc, témoin consterné et muet de ce désordre, attendant, comme tous les représentants, que la garde nationale avertie vînt couvrir la représentation de ses baïonnettes. On m'a reproché de n'avoir pas parlé dans ce tumulte. Voici pourquoi je gardai le silence à la tribune. En parcourant, un moment avant, les corridors, les salles, le jardin, les cours, j'avais été accueilli par deux ou trois cris de : *Mort à Lamartine!* étouffés aussitôt par des milliers de cris contraires. Un reflet de popularité m'entourait encore. Le peuple semblait regretter le Gouvernement provisoire. Je réfléchis. Si je monte à la tribune, me dis-je, si je suis applaudi, je paraîtrai, aux yeux de mes collègues, dans une entente voisine de la complicité avec les envahisseurs. J'aurai l'air de peser du poids de cette foule sur la représentation. Je quittai ma place, je haranguai pendant deux heures les groupes répandus dans les salles environnantes, entouré, pressé, plus caressé que menacé par les flots désordonnés mais non furieux de la multitude. Des milliers d'auditeurs ont entendu mes paroles. Qu'ils disent s'il y eut autre chose dans ces harangues que des reproches et des adjurations au peuple pour le faire rentrer dans le respect de sa propre souveraineté! Les représentants avaient eu l'attitude digne de la nation de Boissy d'Anglas. Au moment où l'Assemblée nationale fut dissoute et où ses membres quittèrent la salle pour aller rallier les défenseurs de l'ordre, quelques braves citoyens, dont j'ai pris les noms, m'arrachèrent à l'émeute, me firent traverser le jardin, et me conduisirent, pour attendre le sort de la journée, dans le cabinet d'administration de la présidence de l'Assemblée. Ils étaient indignés de l'attentat, humiliés du gouvernement qui en était sorti. « S'il dure une nuit seulement, leur » dis-je, j'irai coucher à Vincennes. — Il ne durera pas deux » heures! » s'écrièrent-ils.

Les tambours de la garde nationale se firent entendre. Ils battaient la charge. Nous descendîmes sur la terrasse qui borde le quai. Nous rentrâmes dans l'enceinte avec le premier bataillon de garde mobile. Les soldats me portèrent sur les marches de la tribune reconquise. J'appris en y montant que les factieux avaient forcé l'Hôtel-de-Ville. Ils y étaient, disait-on, entourés de cinq ou six mille hommes armés, et disposant de quatre pièces de canon qui étaient dans les cours. « Je vais y marcher! m'écriai-je, pen- « dant que vous reprendrez ici le siége de votre souveraineté. Ne « donnons pas à la guerre civile le temps de s'organiser; étouf- « fons-la dans son berceau. Allons combattre! » Le ministre de l'intérieur était dans la salle, il sortit avec moi. Nous montâmes à cheval. Nous marchâmes sur la place de Grève, à la tête d'une colonne de gardes nationaux et de cavalerie de ligne. J'envoyai chercher deux pièces de canon pour forcer les portes. Notre colonne grossissait de l'universalité des bons citoyens, accourus de toutes les légions pour venger la France. Les factieux ne tentèrent pas de défendre le siége du gouvernement qu'ils venaient d'installer. Nous les arrêtâmes, nous ordonnâmes qu'ils fussent transférés de nuit à Vincennes, pour les soustraire à l'indignation du peuple, et pour éviter ainsi le premier sang à la révolution. Mon retour à l'Assemblée à travers la foule enivrée de sa victoire sur l'anarchie, fut une des acclamations les plus unanimes et les plus prolongées qui ait jamais frappé l'air du nom d'un citoyen. Etait-ce l'accueil fait au complice ou au répresseur d'une sédition? Tout Paris peut répondre.

Mais vous n'avez su ni prévoir, ajoute-t-on, la grande émeute du 23 juin, dont la dislocation des ateliers nationaux devait être le signal, ni préparer d'avance les forces suffisantes pour combattre ce mouvement inévitable. Vous l'avez ainsi laissé grandir, se prolonger, dégénérer en guerre civile de quatre jours, ensanglanter et consterner Paris, décimer la garde nationale et l'armée?

Citoyens! si j'avais mérité ce reproche de ma conscience, je me serais fait tuer pour l'expier sur la première barricade. Mais je n'ai pas une minute de cette imprévoyance sur le cœur, pas une goutte de ce sang sur les mains. Vous allez en juger par les faits, les dates, les extraits du procès-verbal de la commission exécutive. Les voici.

Et d'abord ai-je flatté l'Assemblée nationale? l'ai-je trompée sur l'éventualité d'une lutte à subir au moment de la dislocation des ateliers nationaux? Jugez vous-mêmes! Vers la fin de mai, le comité du travail interroge M. *Garnier-Pagès* et moi sur le plan du gouvernement pour dissoudre cette agglomération d'oisiveté forcée où commence à fermenter l'esprit de faction. J'expose ces moyens au comité. Je les trouve surtout dans le rachat des chemins de fer, mesure décrétée en principe par le Gouvernement provisoire, et qui, en ravivant cette grande industrie par la main de l'Etat, donnera à toutes les autres industries secondaires une impulsion de plusieurs milliards.

« Ma seule pensée, depuis le 24 février, dis-je au comité, a été
« de chercher des solutions pacifiques aux difficultés extrêmes de
« la situation, de leur trouver des dérivatifs, d'éviter les chocs et
« l'effusion du sang, afin de conserver son beau caractère de

« mansuétude à la République et une certaine sérénité à l'esprit
« du peuple. Je sens mieux que personne les exigences, les turbu-
« lences, les anxiétés intolérables que les ateliers nationaux font
« peser depuis quelques semaines sur Paris et sur la France ;
« poids d'intimidation et d'inquiétude qu'aucune société indus-
« trielle ne peut supporter plus longtemps. Mais par le rachat des
« chemins de fer, par un large déploiement de force armée dans
« Paris, et par la dispersion échelonnée des ouvriers dans leurs
« départements, avec du travail assuré et préparé en perspec-
« tive, j'espère encore traverser cette dernière crise sans porter le
« feu dans la plaie.

« — Mais, me dit le président, si l'Assemblée nationale ne vous
« accorde pas les chemins de fer, comment concevez-vous ce li-
« cenciement ? — Oh ! alors, je ne le conçois que par une bataille,
« répliquai-je sans hésiter, et c'est cette extrémité que je voudrais
« éviter à tout prix. » La bataille a eu lieu. Devions-nous croire
Paris et la société découverte ? J'ouvre encore les procès-verbaux
authentiques des ordres du Gouvernement, et je lis :

12 mai. M. de Lamartine propose, pour déclasser les ateliers
nationaux, que des défrichements soient entrepris en France et
en Algérie ; que les ouvriers soient payés un tiers en argent, et les
deux autres tiers en propriétés concédées. (Adopté.)

— On décide que les listes d'inscription aux ateliers seront closes.

— Que les hommes valides de dix-huit à vingt-cinq ans, sans
famille à Paris, auront l'option entre l'enrôlement et le licenciement.

16 mai. Le Gouvernement dissout les Montagnards, licencie et
épure la garde républicaine. J'assiste moi-même à la remise de la
préfecture de police à la garde nationale, qui l'entoure au nombre
de vingt mille hommes. La garde nationale m'y couvre de ses
dernières acclamations. On rédige le projet de loi contre les attroupements.

Le 20 mai, le Gouvernement décide que la garnison de Paris
sera composée : 1° de vingt mille hommes de troupes de ligne ;

2° De quinze mille hommes de garde mobile ;

3° De deux mille six cents gardes républicains ;

4° De deux mille cinquante gardiens de Paris ;

5° De quinze mille hommes de troupes de ligne dans la banlieue
et dans les garnisons, pouvant être rendues en quelques heures à
Paris ;

En tout, cinquante-quatre mille six cent cinquante baïonnettes.

Ordre de la commission au ministre de la guerre, dans le cas d'un danger sérieux, de prendre le commandement des troupes de toutes armes, infanterie, cavalerie, artillerie, garde mobile et garde sédentaire de Paris.

Jours suivants. Série d'ordres militaires pour couvrir l'Assemblée et réprimer les attroupements nocturnes. *Huit cents* perturbateurs sont arrêtés en une seule nuit.

31 mai. Ordre au ministre de la guerre d'envoyer, tous les jours, à la commission, son rapport sur l'état de l'armée.

1er juin. La commission décide, sur la demande de M. de Lamartine, qu'il sera créé trois cents bataillons de garde mobile dans les départements (trois cent mille hommes), force invincible pour le dehors et pour le dedans; institution militaire qui fédéralise la propriété et la patrie. Etait-ce aussi une armée que je recrutais à l'anarchie?

C'est peu. Le 8 juin, à l'ouverture de la séance du Gouvernement, je dis au conseil ces propres mots : « La physionomie de la
« République m'afflige. Nous marchons à une crise. Ce ne sera
« pas une émeute, ce ne sera pas une bataille, ce sera une cam-
« pagne de plusieurs jours et de plusieurs factions réunies. L'As-
« semblée nationale, en qui repose la souveraineté, pourra être
« compromise, forcée peut-être de quitter momentanément Paris.
« Il faut pourvoir à ces éventualités avec l'énergie d'un pouvoir
« républicain. Les cinquante-cinq mille hommes suffisant pour
« Paris ne suffiraient pas pour y faire rentrer la représentation
« nationale. Je demande, outre une série de décrets de sûreté pu-
« blique, que le ministre de la guerre fasse approcher immédia-
« tement de Paris vingt mille hommes de plus. » C'était le camp sous Paris, indiqué quatorze jours avant la bataille. La commission tout entière acquiesce à ma proposition. Le ministre de la guerre était présent. Nous pouvions donc compter, le 23 juin, non-seulement sur les cinquante-cinq mille hommes ci-dessus énumérés, mais encore sur les vingt mille hommes en marche ou prêts à marcher du camp sous Paris. En tout, soixante-quinze mille baïonnettes rassemblées en peu de jours, pour soutenir une garde nationale de cent quatre-vingt mille hommes?

Que devient le reproche d'avoir fermé les yeux au péril et négligé la présence des troupes?

La commission, irréprochable dans les préparatifs, a-t-elle été hésitante ou faible dans l'action? Voici les faits; il est temps qu'ils apparaissent sous leur véritable aspect.

Le 22, à minuit, la commission réunit au Luxembourg les ministres et les généraux. Tous les ordres sont donnés; toutes les mesures préparées dans l'éventualité d'une journée annoncée pour le lendemain.

Le 23, à six heures du matin, nouvelle réunion au Luxembourg avec les commandants des forces militaires et civiques. Le ministre de la guerre est investi du commandement général, pour donner de l'unité et de l'autorité aux ordres.

A sept heures, les rassemblements commencent au Panthéon. Formation d'une colonne de troupes de ligne, de cavalerie, et d'un détachement de la 11e légion, pour s'emparer de la place. M. Arago, président de la commission, veut la précéder lui-même. M. *Quinet*, colonel de la 11e légion, méconnu depuis, est présent dès le matin, actif et résolu tout le jour. L'attroupement se dissipe et se dirige sur la Bastille. Le Gouvernement se transporte au palais de l'Assemblée nationale; il s'y établit en permanence avec le quartier-général.

La journée se passe à combattre et à ordonner. Les troupes, admirables d'héroïsme, parraissent faibles de nombre. A quatre heures du soir, les barricades s'élèvent au faubourg du Temple. Elles commencent à s'élever vers la Bastille; elles menacent de se multiplier pendant la nuit. Des représentants sont introduits. Ils nous somment de donner volontairement notre démission. Nous repoussons avec indignation ce conseil. Je me lève et je dis : « Nous répondons de tout. Jamais des hommes de cœur ne se re-
« tirent au milieu d'un combat. Après la victoire de l'ordre, nous
« serons à la disposition de l'Assemblée nationale. » Les représentants se retirent. « Nous avons encore quatre heures de jour,
« dis-je après leur départ, et disent avec moi tous mes collègues;
« ne les laissons pas à la sédition; la nuit recruterait la multitude
« indécise et intimidée des faubourgs : ils se couvriraient de bar-
« ricades; ce serait du sang à verser et à perdre demain ; formons
« une dernière colonne avec le peu de troupes qui sont autour de
« l'Assemblée nationale, et allons délivrer le faubourg du Tem-
« ple. » Le général Cavaignac forme la colonne; je monte à cheval, accompagné de M Duclerc, ministre des finances, du com-

mandant Pierre Bonaparte, à qui je prête un de mes chevaux, et de M. de Tréveneuc. La garde nationale et la foule nous encouragent de la voix et du geste sur les boulevards. Nous laissons le commandant général disposer ses forces au Château-d'Eau. Je m'avance seul au milieu de flots de peuple dans la rue du Temple et sur le boulevard de la Bastille. La multitude entoure mon cheval, me serre les mains, s'attendrit sur elle-même et sur le sort de la patrie. Elle témoigne la fluctuation et l'indécision d'une masse sans guide prête à passer, à la moindre impulsion, de l'ordre à la sédition. Je suis à la fois inquiet et attendri de la physionomie de cette foule ; je la console, je la calme, je la ramène, autant qu'il est en moi, par mes paroles, à la patience, à la paix, à la confiance dans l'Assemblée. Je ne me dissimule pas que, dans quelques heures, tout ce peuple innocent encore va recruter l'insurrection. Quelques bataillons l'auraient contenu. Ces bataillons sont occupés ailleurs. Je reviens sur mes pas ; je m'avance avec quatre pièces de canon, et avec la colonne de garde mobile et de troupes de ligne, qui marchent à l'attaque des barricades du faubourg. Ces barricades résistent trois quarts d'heure au feu. L'artillerie les démolit enfin. Les décharges des insurgés blessent ou tuent quatre cents braves soldats et deux généraux. Le cheval que j'ai prêté au commandant Pierre Bonaparte est tué sous ce brave officier, à côté de moi. M. de Tréveneuc et M. Lassant reçoivent des balles dans leurs habits. Je reviens porter moi-même au ministre de la guerre l'ordre dont me charge le général Cavaignac de faire arriver, pendant la nuit, les troupes des garnisons circonvoisines. Une trêve muette s'établit jusqu'au jour. Le matin voit recommencer la lutte. Nous la soutenons tous avec la même énergie. Les gardes nationaux arrivent des départements ; les canons de Vincennes ; un régiment d'Orléans. Le triomphe est cruellement acheté, mais il n'est plus douteux On nous enlève notre part de coopération au salut commun. A onze heures, l'Assemblée nationale nomme celui que nous avions déjà nommé nous-mêmes, le général Cavaignac, pour achever et consolider la victoire. Nous nous réjouissons de remettre le pouvoir dans des mains qui n'abuseront ni des lois ni de l'épée. Je rédige à la hâte la lettre que voici à l'Assemblée nationale :

« Citoyens !

« La commission du pouvoir exécutif aurait manqué à la fois à

« ses devoirs et à son honneur en se retirant devant une sédition
« et devant un péril public. Elle se retire seulement devant un
« vote de l'Assemblée. En vous remettant le pouvoir dont vous
« l'aviez investie, elle rentre dans les rangs de l'Assemblée na-
« tionale pour se dévouer avec vous au danger commun et au
« salut de la République ! »

De ce moment, citoyens, redevenu simple représentant, j'offre mes services au général Cavaignac, comme au chef qui représente dignement la République. « Je ne suis pas, lui dis-je en
« le quittant, de ceux qui se réfugient dans l'opposition en tom-
« bant du pouvoir, mais de ceux qui soutiennent le pouvoir répu-
« blicain dans les mains de leurs successeurs comme dans leurs
« propres mains. Comptez sur moi demain comme aujourd'hui. »
Mon ami le général Négrier était là, sollicitant l'ordre qui allait le conduire à une glorieuse mort. Ce furent les dernières paroles qu'il entendit de moi. Pendant que je le pleurais, pendant que l'archevêque de Paris allait offrir sa vie à Dieu, comme une rançon de paix ; pendant que tant de généreuses victimes volontaires, généraux, officiers, soldats, citoyens, enfants de la garde mobile, allaient se faire décimer sous le feu, la calomnie, s'emparant déjà de mon nom, m'accusait de complicité avec ces balles que j'aurais voulu recevoir toutes pour épargner le sang d'un seul citoyen ou d'un seul soldat !... Voilà les révolutions !... Leurs plus grands phénomènes ne sont pas leurs crimes, ce sont leurs erreurs ! Je n'en accuse personne, car personne n'est coupable de l'obscurité à l'heure où il fait nuit sur tout le monde.

Citoyens ! voici la lumière ! reconnaissez vos amis. Les partis qui ont un ressentiment passager contre la République s'attachent surtout à calomnier les républicains modérés : ils savent bien que la République ne peut triompher que par la modération ; que la terre française ne se laisserait pas dépecer une heure par le communisme ; que la terre française ne porterait pas quinze jours l'échafaud ; que la terre française vomirait le sang dont des plagiaires de la terreur rêveraient de l'abreuver pour chercher je ne sais quelle sauvage grandeur dans l'excès et dans le crime, ne sachant pas la trouver dans la mesure et dans la vertu ! Ce sont là les pires ennemis de notre République ; car le seul danger de la République, c'est son nom ; ce sont les souvenirs de 93, que ces hommes s'efforcent sans cesse de rappeler, quand les vrais républicains comme nous s'efforcent sans cesse de les écarter. Mais 93 n'était pas la République, c'était la révolution. Serait-il donc donné à quelques mois de notre histoire, de calomnier à jamais le gouvernement de la liberté parmi nous? Serait-il donné à ce sang de déteindre sur tout un siècle? Non! nous montrerons au monde que nous savons à la fois conquérir et contenir la République, ce règne de tous. La République inspirée de Washington triomphera de la République de Babœuf, de Robespierre et de Danton! Autre siècle, autres pensées; autres pensées, autres hommes! Voilà la loi vraie des sociétés. Le choix que vous avez fait de vos représentants à l'Assemblée nationale est un garant du triomphe de la République populaire et régulière, telle que nous l'entendons. C'est l'honnêteté du peuple, que vous avez envoyée en eux. L'honnêteté du peuple, c'est son salut ! l'Assemblée nationale sauvera la France. Notre seule gloire, c'est de l'avoir pressenti. Attachez-vous de plus en plus à l'Assemblée nationale : elle est votre souveraineté : elle est digne de vous. Seulement donnez-lui du temps. L'impatience est la violence des bonnes intentions. On n'institue pas en trois mois le gouvernement d'un siècle.

Recevez mes adieux, citoyens! Nommé dix fois par vous comme signification et non comme homme ; confondu désormais dans les rangs des simples représentants ; descendu d'un pouvoir trop haut pour mon ambition et ne désirant point y remonter; oubliez-moi, ne m'accusez pas! Peut-être ai-je mérité un seul jour vos suffrages, c'est le jour où je les ai sacrifiés à la concorde. Quant à moi, je me souviendrai de vous tous les jours de ma vie publique. Chaque fois que je jetterai dans l'urne un vote de bonne intention pour le peuple, de fermeté contre les factions, de salut pour la patrie, pour la famille, pour la propriété, pour la conscience, pour la société, je me dirai que j'y jette avec ma pensée votre propre pensée à vous! je me dirai que deux millions de citoyens votent avec moi pour cette République unanime qui n'est, à vos yeux comme aux miens, que l'intérêt de tous, légitimé par le droit de tous, et défendu par la main de tous, dans le plus libre et dans le plus fort des gouvernements.

LAMARTINE,
Représentant du peuple.

Paris, 25 août 1848.

Poissy. — Imprimerie de G. Olivier.

www.ingramcontent.com/pod-product-compliance
Lightning Source LLC
Chambersburg PA
CBHW060720050426
42451CB00010B/1546